Reinventando El Éxito : Descubriendo Tu Poder interior

Rosen Dimitrov

Published by Rosen Dimitrov, 2023.

While every precaution has been taken in the preparation of this book, the publisher assumes no responsibility for errors or omissions, or for damages resulting from the use of the information contained herein.

REINVENTANDO EL ÉXITO :DESCUBRIENDO TU PODER INTERIOR

First edition. March 26, 2023.

ISBN: 979-8223393610

Written by Rosen Dimitrov.

Also by Rosen Dimitrov

Tabla de Contenido

Introducción

H ola, soy Rosen Yordanov Dimitrov, y me complace presentarte este libro, **<u>"Reinventando el éxito: Descubriendo tu poder interior"</u>**.

A lo largo de estas páginas, te guiaré en un viaje de autodescubrimiento y crecimiento personal, donde aprenderás a abrazar tu autenticidad, a cultivar una mentalidad de crecimiento y a desarrollar habilidades y hábitos que te ayudarán a alcanzar el éxito en tu vida. Este libro está lleno de ejercicios prácticos, historias inspiradoras y consejos útiles, así como de frases únicas y memorables que podrás recordar y aplicar en tu vida diaria.

Mi objetivo al escribir este libro es proporcionarte las herramientas y el conocimiento necesario para que puedas liberar tu verdadero potencial y alcanzar tus metas personales y profesionales. Quiero que este libro sea una fuente de inspiración y motivación para que te atrevas a soñar en grande, a superar tus miedos y a tomar acción en pos de tus sueños.

Cada capítulo de este libro ha sido diseñado para ser detallado, profundo y memorable, y contiene información valiosa y práctica que podrás aplicar en tu vida para mejorar como persona.

Capítulo 1: La autenticidad de tu ser

1.1 Descubriendo tu verdadero yo

Antes de que podamos comenzar a crecer y tener éxito en nuestras vidas, es esencial que nos conozcamos a nosotros mismos y abracemos nuestra autenticidad. A menudo, pasamos tanto tiempo tratando de encajar en las expectativas de la sociedad o de las personas que nos rodean, que perdemos de vista quiénes somos realmente. La autenticidad es la base de una vida plena y exitosa, ya que nos permite vivir y actuar de acuerdo con nuestros valores y creencias fundamentales.

Para descubrir tu verdadero yo, te propongo realizar los siguientes ejercicios:

Haz una lista de tus valores y creencias fundamentales. Piensa en aquellas cosas que son verdaderamente importantes para ti y que guían tus acciones y decisiones en la vida. Estos valores y creencias pueden incluir cosas como la honestidad, la integridad, la lealtad, el amor, la justicia y la generosidad.

Reflexiona sobre tus pasiones e intereses. ¿Qué te apasiona? ¿Qué actividades o temas te hacen sentir lleno de energía y entusiasmo? Identificar tus pasiones te ayudará a descubrir tus talentos y habilidades innatas, lo que te permitirá vivir una vida más auténtica y exitosa.

Identifica tus fortalezas y debilidades. Todos tenemos habilidades y características que nos hacen únicos. Al reconocer y aceptar nuestras fortalezas y debilidades, podemos trabajar en nuestras áreas de mejora y aprovechar nuestras fortalezas para alcanzar nuestros objetivos.

Frase única y motivadora: "La autenticidad comienza cuando te atreves a abrazar tu verdadero yo, sin miedo a lo que otros puedan pensar".

1.2 Diferenciándote de los demás

Vivimos en un mundo donde la comparación y la competencia son omnipresentes. Sin embargo, compararnos constantemente con los demás y tratar de encajar en moldes preestablecidos nos impide vivir una vida auténtica y alcanzar nuestro verdadero potencial. Para diferenciarte de los demás y abrazar tu singularidad, considera los siguientes consejos:

Aprende a aceptarte y amarte tal como eres. La autoaceptación y el amor propio son fundamentales para vivir una vida auténtica y exitosa. Al aceptar y amarte a ti mismo, podrás reconocer y valorar tus cualidades únicas y dejar de preocuparte por lo que otros puedan pensar de ti.

Desarrolla tu voz única. Todos tenemos una voz única que refleja nuestras experiencias, perspectivas y creencias. Al cultivar y expresar esta voz, nos diferenciamos de los demás y nos permitimos ser vistos y escuchados como individuos auténticos.

No tengas miedo de ser diferente. Ser diferente no es algo malo; de hecho, es lo que nos hace únicos y valiosos. Atrévete a desafiar las normas y a seguir tu propio camino, incluso si esto significa ir en contra de la corriente.

Frase única y motivadora: "Nuestra singularidad es nuestro mayor tesoro; abraza tu diferencia y deja que el mundo vea tu verdadera luz".

A lo largo de este capítulo, continuaremos explorando cómo abrazar tu autenticidad y vivir una vida plena y exitosa alineada con tus valores y creencias.

1.3 Estableciendo metas alineadas con tu verdadero yo

Una vez que hayas descubierto y aceptado tu verdadero yo, es fundamental que establezcas metas que estén alineadas con tus valores, creencias e intereses. Estas metas te permitirán vivir una vida auténtica y exitosa, ya que estarán en armonía con quién eres realmente.

Para establecer metas alineadas con tu verdadero yo, sigue estos pasos:

Reflexiona sobre tus sueños y aspiraciones. ¿Qué deseas lograr en la vida? ¿Qué te gustaría experimentar o aprender? Asegúrate de que estos sueños y aspiraciones estén en sintonía con tus valores y creencias fundamentales.

Establece metas SMART (específicas, medibles, alcanzables, relevantes y con tiempo definido). Al establecer metas SMART, te asegurarás de tener un plan claro y realista para alcanzar tus sueños y aspiraciones.

Monitorea tu progreso y ajusta tus metas según sea necesario. A medida que avanzas en tu camino hacia el éxito, es posible que descubras nuevas pasiones o intereses, o que tus prioridades cambien. No tengas miedo de ajustar tus metas para reflejar estas nuevas percepciones y asegurarte de que siguen estando alineadas con tu verdadero yo.

Frase única y motivadora: "Cuando nuestras metas están en armonía con nuestro ser auténtico, el camino hacia el éxito se vuelve más claro y significativo".

1.4 Abrazar el cambio y el crecimiento personal

El crecimiento personal y la transformación son aspectos fundamentales de una vida auténtica y exitosa. A medida que nos conocemos mejor a nosotros mismos y nos enfrentamos a nuevos desafíos y experiencias, es esencial que estemos abiertos al cambio y dispuestos a crecer y evolucionar.

Para abrazar el cambio y el crecimiento personal, considera lo siguiente:

Adopta una mentalidad de crecimiento. Aprende a ver los desafíos y las dificultades como oportunidades para aprender y crecer, en lugar de obstáculos insuperables. Esta mentalidad te permitirá enfrentar los desafíos con optimismo y resiliencia.

Aprende de tus errores y fracasos. No tengas miedo de cometer errores o de enfrentarte a fracasos en tu camino hacia el éxito. Estas experiencias nos enseñan lecciones valiosas y nos ayudan a crecer y a mejorar.

Cultiva la autocompasión y la empatía. A medida que creces y evolucionas, es fundamental que te trates a ti mismo y a los demás con compasión y empatía. Esto te permitirá enfrentar el cambio y el crecimiento personal con una actitud positiva y amorosa.

Frase única y motivadora: "El cambio es la única constante en la vida; abrázalo y descubre el poder transformador del crecimiento personal".

En resumen, la autenticidad es el pilar fundamental para una vida plena y exitosa. Al descubrir y abrazar tu verdadero yo, establecer metas alineadas con tus valores y creencias, y abrazar el cambio y el crecimiento personal, estarás en el camino hacia una vida más auténtica y exitosa. A lo largo de este proceso, recuerda ser compasivo contigo mismo y con los demás, y siempre estar dispuesto a aprender y evolucionar.

1.5 Construruyendo relaciones auténticas

Las relaciones que establecemos con los demás desempeñan un papel crucial en nuestra vida y nuestro bienestar emocional. Para vivir una vida auténtica y exitosa, es esencial construir relaciones auténticas y significativas con aquellos que nos rodean.

Para construir relaciones auténticas, sigue estos consejos:

Sé tú mismo en todas tus interacciones. No trates de impresionar a los demás o de encajar en sus expectativas. Al ser tú mismo y expresar tu verdadero yo, atraerás a personas que valoran y aprecian tu autenticidad.

Practica la comunicación abierta y honesta. Habla desde el corazón y no tengas miedo de compartir tus pensamientos, sentimientos y opiniones. La comunicación abierta y honesta es la base de las relaciones auténticas y duraderas.

Aprende a escuchar activamente. Escuchar es un aspecto fundamental de la comunicación efectiva y las relaciones sólidas. Al escuchar activamente a los demás, demostrarás empatía y comprensión, lo que a su vez fortalecerá tus relaciones.

Establece límites saludables. Asegúrate de establecer límites claros y respetar los límites de los demás. Esto te permitirá mantener relaciones equilibradas y saludables en las que ambas partes se sientan valoradas y respetadas.

Frase única y motivadora: "Las relaciones auténticas se construyen sobre la base de la honestidad, la vulnerabilidad y la empatía; permítete ser tú mismo y conectar con los demás a un nivel más profundo".

1.6 Nutriendo la conexión contigo mismo

Mientras trabajas para construir relaciones auténticas con los demás, también es fundamental que nutras la conexión contigo mismo. Al mantener una relación sólida y amorosa contigo mismo, podrás enfrentar los desafíos de la vida con mayor confianza y resiliencia.

Para nutrir la conexión contigo mismo, considera lo siguiente:

Dedica tiempo a la introspección y la reflexión. La introspección y la reflexión nos permiten conocernos mejor a nosotros mismos, identificar nuestras necesidades y deseos, y comprender nuestras emociones y pensamientos. Dedica tiempo a la meditación, la escritura en un diario o simplemente reflexionar sobre tus experiencias y sentimientos.

Practica el autocuidado. El autocuidado es esencial para mantener una relación saludable contigo mismo. Asegúrate de dedicar tiempo a cuidar tu cuerpo, mente y espíritu a través de actividades como el ejercicio, la alimentación saludable, el descanso y la relajación.

Cultiva la gratitud y el aprecio. La gratitud y el aprecio nos ayudan a mantener una perspectiva positiva y a reconocer las cosas buenas en nuestra vida. Practica la gratitud a diario, ya sea a través de un diario de gratitud, la meditación o simplemente reflexionando sobre las cosas por las que estás agradecido.

Perdónate a ti mismo. Todos cometemos errores y enfrentamos fracasos en la vida. En lugar de aferrarte a la culpa o la vergüenza, aprende a perdonarte a ti mismo y a aceptar que eres humano y, por lo tanto, imperfecto. El perdón te permitirá avanzar y crecer de manera más saludable.

Frase única y motivadora: "La relación más importante que tendrás en la vida es la que tienes contigo mismo; nutre esa conexión y descubre el poder de la autoaceptación y el amor propio".

Al finalizar este primer capítulo, te invito a reflexionar sobre las ideas y conceptos presentados y a aplicarlos en tu vida diaria.

Al abrazar tu autenticidad, establecer metas alineadas con tus valores, construir relaciones auténticas y nutrir la conexión contigo mismo, estarás dando los primeros pasos hacia una vida plena y exitosa. Recuerda siempre que el crecimiento personal es un proceso continuo y que cada día es una oportunidad para aprender, evolucionar y convertirte en la mejor versión de ti mismo.

En el próximo capítulo, exploraremos cómo desarrollar la mentalidad adecuada para alcanzar el éxito y superar los desafíos que la vida nos presente. Aprenderás sobre la importancia de la resiliencia, la perseverancia y el optimismo, y cómo cultivar estas cualidades para convertirte en una persona más fuerte y resiliente.

Frase única y motivadora: "El camino hacia el éxito comienza con un solo paso; abraza tu autenticidad y comienza tu viaje hacia una vida más plena y significativa".

Capítulo 2: Desarrollando la mentalidad del éxito

2.1 La importancia de la mentalidad

Nuestra mentalidad juega un papel crucial en nuestra capacidad para alcanzar nuestros objetivos y superar los desafíos que la vida nos presenta. Una mentalidad positiva y orientada al crecimiento nos permite enfrentar las dificultades con optimismo y resiliencia, mientras que una mentalidad negativa y limitante puede socavar nuestro progreso y sabotear nuestro éxito.

En este capítulo, exploraremos cómo cultivar una mentalidad que te permita alcanzar tus metas y vivir una vida exitosa y auténtica.

2.2 Cultivando una mentalidad de crecimiento

Una mentalidad de crecimiento es la creencia de que nuestras habilidades y cualidades pueden desarrollarse y mejorar a través del esfuerzo y la dedicación. Al adoptar una mentalidad de crecimiento, nos volvemos más abiertos al aprendizaje y al cambio, y estamos más dispuestos a enfrentar los desafíos con confianza y perseverancia.

Para cultivar una mentalidad de crecimiento, sigue estos consejos:

Reconoce y desafía tus creencias limitantes. Identifica las creencias negativas o limitantes que puedan estar frenando tu progreso y trabaja para reemplazarlas por creencias más positivas y empoderadoras.

Celebra tus logros y aprende de tus fracasos. En lugar de centrarte en tus fracasos o en lo que aún no has logrado, celebra tus logros y utiliza tus fracasos como oportunidades para aprender y crecer.

Asume riesgos y sal de tu zona de confort. Atrévete a probar cosas nuevas y a enfrentarte a desafíos desconocidos. Al salir de tu zona de confort, desarrollarás nuevas habilidades y ganarás la confianza necesaria para enfrentar desafíos mayores.

Frase única y motivadora: "El verdadero crecimiento ocurre cuando nos atrevemos a enfrentar lo desconocido y abrazar el poder del cambio y la evolución".

2.3 Desarrollando resiliencia y perseverancia

La resiliencia y la perseverancia son cualidades esenciales para el éxito y la autorrealización. La resiliencia es nuestra capacidad para adaptarnos y recuperarnos de las adversidades, mientras que la perseverancia es nuestra determinación para continuar avanzando a pesar de los obstáculos y dificultades.

Para desarrollar resiliencia y perseverancia, considera lo siguiente:

Enfrenta las adversidades con una actitud positiva. Aprende a ver los desafíos y las dificultades como oportunidades para aprender y crecer, en lugar de obstáculos insuperables.

Establece metas realistas y alcanzables. Al establecer metas que sean desafiantes pero alcanzables, te sentirás más motivado para perseverar y superar los obstáculos que puedas encontrar en tu camino hacia el éxito.

Desarrolla una red de apoyo sólida. Rodearte de personas que te apoyen y te alienten te ayudará a enfrentar las adversidades con mayor confianza y resiliencia.

Frase única y motivadora: "La resiliencia y la perseverancia son las llaves que abren las puertas del éxito; mantén la fe en ti mismo y nunca te rindas".

2.4 Cultivando el optimismo y la gratitud

El optimismo y la gratitud son actitudes poderosas que pueden tener un impacto significativo en nuestra mentalidad y nuestro bienestar general. Al cultivar el optimismo y la gratitud, serás capaz de enfrentar los desafíos con una perspectiva más positiva y disfrutar de una vida más feliz y exitosa.

Para cultivar el optimismo y la gratitud, sigue estos consejos:

Practica la visualización positiva. Imagina que alcanzas tus metas y sueños, y visualiza cómo te sentirás una vez que los hayas logrado. La visualización positiva te ayudará a mantener el enfoque en tus objetivos y a enfrentar los desafíos con mayor optimismo.

Lleva un diario de gratitud. Escribe diariamente las cosas por las que estás agradecido. Esta práctica te ayudará a enfocarte en lo positivo y a cultivar una actitud de gratitud en tu vida diaria.

Rodéate de personas positivas. Las personas con las que te rodeas pueden tener un impacto significativo en tu mentalidad y actitud. Trata de rodearte de personas optimistas y positivas que te inspiren y te motiven a perseguir tus sueños.

Frase única y motivadora: "El optimismo es como un faro en la oscuridad, guiándonos a través de los desafíos y llevándonos hacia la luz de nuestros sueños y aspiraciones".

2.5 Manteniendo la motivación y el enfoque en tus objetivos

La motivación y el enfoque son esenciales para alcanzar tus metas y vivir una vida exitosa. Sin la motivación adecuada, puede ser fácil perderse en la rutina diaria y perder de vista tus objetivos y sueños.

Para mantener la motivación y el enfoque en tus objetivos, considera lo siguiente:

Establece metas claras y específicas. Al tener metas claras y específicas, tendrás un objetivo concreto en el que enfocarte y una razón para mantener la motivación y la energía necesaria para alcanzarlo.

Divide tus metas en pasos pequeños y manejables. Al dividir tus metas en pasos más pequeños, te sentirás menos abrumado y más capaz de mantener el enfoque y la motivación a lo largo del tiempo.

Recuerda tus "porqués". Reflexiona sobre las razones por las que deseas alcanzar tus metas y cómo cambiará tu vida una vez que las hayas logrado. Mantener tus "porqués" en mente te ayudará a mantenerte motivado y enfocado en tus objetivos.

Frase única y motivadora: "La motivación es el combustible que impulsa nuestros sueños; mantén la llama encendida y sigue avanzando hacia tus metas con pasión y determinación".

En resumen, desarrollar una mentalidad orientada al éxito es crucial para alcanzar tus objetivos y vivir una vida auténtica y plena. Al cultivar una mentalidad de crecimiento, desarrollar resiliencia y perseverancia, y mantener la motivación y el enfoque en tus objetivos, estarás mejor preparado para enfrentar los desafíos que la vida te presente y convertirte en la mejor versión de ti mismo.

En el siguiente capítulo, exploraremos cómo superar los obstáculos y barreras comunes que pueden dificultar nuestro camino hacia el éxito y la autorrealización. Aprenderás estrategias para enfrentar el miedo, la procrastinación y el auto-sabotaje, y cómo superar estos obstáculos para seguir avanzando hacia tus sueños y metas.

Frase única y motivadora: "Nuestra mentalidad moldea nuestro destino; elige creer en ti mismo y en tu capacidad para triunfar, y nada podrá detenerte en tu camino hacia el éxito".

Capítulo 3: Superando obstáculos y barreras en el camino hacia el éxito

3.1 Enfrentando el miedo al fracaso

El miedo al fracaso es uno de los mayores obstáculos que enfrentamos en nuestro camino hacia el éxito. Este miedo nos impide asumir riesgos, probar cosas nuevas y perseguir nuestros sueños con pasión y determinación.

Para enfrentar y superar el miedo al fracaso, sigue estos consejos:

Cambia tu perspectiva sobre el fracaso. En lugar de ver el fracaso como algo negativo o vergonzoso, considéralo como una oportunidad de aprendizaje y crecimiento. Aprende de tus errores y utiliza esa experiencia para mejorar y avanzar en tu camino hacia el éxito.

Establece metas realistas y alcanzables. Al establecer metas que sean desafiantes pero realistas, disminuirás la presión que sientes por alcanzar el éxito y reducirás el miedo al fracaso.

Desarrolla una actitud de "no rendirse". Aprende a perseverar a pesar de los fracasos y obstáculos en tu camino. Recuerda que el éxito rara vez es un camino fácil o directo, y que enfrentar y superar los fracasos es una parte esencial del proceso.

Frase única y motivadora: "El fracaso no es el final del camino, sino un escalón hacia el éxito; abraza la oportunidad de aprender y crecer, y no permitas que el miedo te detenga".

3.2 Superando la procrastinación

La procrastinación es otro obstáculo común en nuestro camino hacia el éxito. La procrastinación nos impide tomar medidas y avanzar hacia nuestros objetivos, lo que a menudo resulta en sentimientos de culpa y frustración.

Para superar la procrastinación, considera lo siguiente:

Establece prioridades claras. Identifica las tareas y metas más importantes en tu vida y enfócate en completarlas antes de abordar tareas menos importantes o urgentes.

Divide las tareas grandes en pasos más pequeños y manejables. Al desglosar las tareas en pasos más pequeños, te sentirás menos abrumado y más motivado para comenzar y completar cada tarea.

Establece plazos y fechas límite realistas. Los plazos y fechas límite te ayudarán a mantener el enfoque y la responsabilidad, lo que a su vez te ayudará a evitar la procrastinación.

Frase única y motivadora: "No permitas que la procrastinación robe tu tiempo y tu potencial; toma medidas ahora y avanza hacia tus sueños con determinación y enfoque".

El auto-sabotaje es cuando inconscientemente creamos obstáculos o dificultades que nos impiden alcanzar nuestras metas y

sueños. A menudo, el auto-sabotaje es el resultado de creencias limitantes y falta de autoestima.

Para abordar y superar el auto-sabotaje, sigue estos consejos:

Identifica tus patrones de auto-sabotaje. Reflexiona sobre las áreas de tu vida en las que podrías estar saboteándote a ti mismo y reconoce los patrones y comportamientos que contribuyen a este auto-sabotaje.

Trabaja en tus creencias limitantes. Desafía y cambia las creencias negativas sobre ti mismo y tus capacidades que podrían estar contribuyendo al auto-sabotaje.

Practica el amor propio y la autoaceptación. Aprende a aceptarte y amarte a ti mismo, con tus imperfecciones y todo. Al cultivar una relación más amorosa y comprensiva contigo mismo, estarás menos inclinado a sabotear tus propios esfuerzos y progreso.

Frase única y motivadora: "Eres tu propio mejor aliado en el camino hacia el éxito; no permitas que el auto-sabotaje sabotee tu viaje y destruya tus sueños".

En resumen, superar los obstáculos y barreras en nuestro camino hacia el éxito es esencial para alcanzar nuestros objetivos y vivir una vida plena y auténtica. Al enfrentar y superar el miedo al fracaso, la procrastinación y el auto-sabotaje, estarás mejor equipado para enfrentar los desafíos que la vida te presente y seguir avanzando hacia tus metas y sueños.

En el próximo capítulo, nos centraremos en cómo desarrollar hábitos saludables y sostenibles que te ayudarán a mantener el éxito y el equilibrio en todas las áreas de tu vida. Aprenderás sobre la importancia del autocuidado, la gestión del tiempo y la disciplina, y cómo incorporar estos principios en tu vida diaria para vivir de manera más plena y consciente.

Frase única y motivadora: "Los obstáculos son oportunidades disfrazadas para aprender y crecer; enfrenta y supera tus desafíos con valentía y convicción, y descubre tu verdadero potencial en el proceso".

Capítulo 4: Creando hábitos saludables para el éxito y el equilibrio

4.1 La importancia del autocuidado

El autocuidado es un aspecto esencial del éxito y el equilibrio en nuestras vidas. Al cuidar de nuestro bienestar físico, mental y emocional, estamos mejor preparados para enfrentar los desafíos de la vida y perseguir nuestras metas con energía y entusiasmo.

Para practicar el autocuidado efectivamente, sigue estos consejos:

Prioriza el sueño. Asegúrate de dormir lo suficiente cada noche para permitir que tu cuerpo y mente se recuperen y se rejuvenezcan.

Mantén una dieta equilibrada. Alimenta tu cuerpo con alimentos nutritivos y saludables para mantener tus niveles de energía y promover una salud óptima.

Haz ejercicio regularmente. El ejercicio no solo mejora la salud física, sino que también libera endorfinas que mejoran el estado de ánimo y reducen el estrés.

Encuentra tiempo para relajarte y desestresarte. Dedica tiempo a actividades que disfrutes y te ayuden a relajarte, como leer, meditar, pasar tiempo en la naturaleza o practicar yoga.

Frase única y motivadora: "El autocuidado es la base de una vida exitosa y equilibrada; cuida de ti mismo y descubre la energía y la inspiración que necesitas para alcanzar tus sueños".

La gestión del tiempo es una habilidad crucial para el éxito y el equilibrio en nuestras vidas. Al utilizar nuestro tiempo de manera eficiente y efectiva, podemos lograr más en menos tiempo y encontrar un equilibrio saludable entre nuestras responsabilidades y nuestro tiempo libre.

Para mejorar la gestión del tiempo, sigue estos consejos:

Establece metas y prioridades claras. Al tener metas claras y establecer prioridades, podrás enfocarte en las tareas más importantes y evitar perder tiempo en actividades de menor importancia.

Crea un horario y una rutina. Establecer un horario y una rutina diaria te ayudará a utilizar tu tiempo de manera más eficiente y a establecer hábitos saludables que te mantendrán enfocado y productivo.

Aprende a decir "no". Aprender a decir "no" a las solicitudes y compromisos que no se alinean con tus metas y prioridades te permitirá dedicar más tiempo y energía a lo que realmente importa.

Frase única y motivadora: "El tiempo es nuestro recurso más valioso; gestiona tu tiempo sabiamente y descubre el poder de la eficiencia y el equilibrio en tu vida".

4.3 Desarrollando la disciplina

La disciplina es una cualidad esencial para el éxito y el equilibrio en nuestras vidas. La disciplina nos permite mantenernos enfocados en nuestras metas y responsabilidades, incluso cuando enfrentamos distracciones y tentaciones.

Para desarrollar la disciplina, sigue estos consejos:

Establece metas claras y específicas. Tener metas claras y específicas te ayudará a mantener el enfoque y la motivación necesaria para perseverar, incluso cuando enfrentes desafíos o tentaciones.

Crea hábitos saludables y consistentes. La disciplina se construye a través de la repetición y la consistencia. Al establecer hábitos saludables y mantenerlos de manera constante, estarás desarrollando la disciplina necesaria para alcanzar tus metas y mantener el equilibrio en tu vida.

Encuentra tus motivaciones internas. Identifica las razones profundas y personales por las que deseas alcanzar tus metas y utiliza esas motivaciones para mantenerte enfocado y disciplinado en tu camino hacia el éxito.

Aprende a manejar las distracciones. Encuentra formas de minimizar y manejar las distracciones en tu vida diaria, ya sea silenciando las notificaciones de tu teléfono, estableciendo límites con tus seres queridos o creando un espacio de trabajo tranquilo y libre de distracciones.

Frase única y motivadora: "La disciplina es la fuerza motriz detrás del éxito y la autorrealización; cultiva la disciplina en tu vida y descubre el poder de la concentración y la perseverancia en la búsqueda de tus sueños".

En resumen, crear hábitos saludables para el éxito y el equilibrio es esencial para vivir una vida plena y auténtica. Al practicar el autocuidado, mejorar la gestión del tiempo y desarrollar la disciplina, estarás construyendo una base sólida para enfrentar los desafíos de la vida y perseguir tus metas con pasión y determinación.

En el siguiente capítulo, exploraremos cómo establecer y mantener relaciones interpersonales sólidas y significativas, y cómo estas relaciones pueden mejorar nuestro bienestar y apoyar nuestro crecimiento y éxito personal.

Frase única y motivadora: "Los hábitos saludables son la clave del éxito y el equilibrio en nuestras vidas; cultiva estos hábitos y crea una base sólida para el crecimiento y la autorrealización".

5.1 La importancia de las conexiones humanas

Las relaciones interpersonales sólidas y significativas son fundamentales para nuestro bienestar y éxito en la vida. Nos proporcionan apoyo emocional, nos ayudan a crecer y aprender, y nos permiten experimentar una conexión profunda y satisfactoria con los demás.

Para establecer relaciones interpersonales sólidas y significativas, sigue estos consejos:

Comunícate abierta y honestamente. La comunicación efectiva es clave para establecer y mantener relaciones sólidas. Aprende a expresar tus pensamientos, sentimientos y necesidades de manera clara y honesta, y escucha activamente a los demás.

Practica la empatía. La empatía es la habilidad de comprender y compartir los sentimientos de otra persona. Al ser empático, te conectarás de manera más profunda con los demás y fomentarás relaciones más significativas y comprensivas.

Desarrolla la confianza. La confianza es esencial en cualquier relación. Cumple tus promesas, sé confiable y demuestra integridad en tus acciones para construir una base sólida de confianza en tus relaciones.

Aprende a manejar conflictos de manera constructiva. Los conflictos son inevitables en cualquier relación, pero aprender a manejarlos de manera constructiva puede fortalecer la relación y promover el crecimiento y la comprensión mutua.

Frase única y motivadora: "Las conexiones humanas son el corazón de una vida plena y significativa; cultiva relaciones sólidas y significativas y experimenta la alegría y el apoyo que brindan".

5.2 Apoyándonos mutuamente para el crecimiento personal

Las relaciones interpersonales sólidas y significativas pueden desempeñar un papel importante en nuestro crecimiento personal. Al apoyarnos mutuamente en nuestras metas y aspiraciones, podemos impulsarnos hacia adelante y celebrar nuestros logros juntos.

Para apoyarnos mutuamente en el crecimiento personal, sigue estos consejos:

Establece metas compartidas. Trabajar hacia metas compartidas puede fortalecer nuestras relaciones y proporcionar un sentido de propósito y dirección común.

Celebra los logros de los demás. Reconoce y celebra los logros de tus seres queridos, mostrando tu apoyo y alentándolos a seguir creciendo y alcanzando sus metas.

Ofrece apoyo emocional y práctico. Estar disponible para ofrecer apoyo emocional y práctico a tus seres queridos les ayudará a enfrentar los desafíos y a superar los obstáculos en su camino hacia el éxito.

Mantén un enfoque en el crecimiento personal. Fomenta un ambiente en el que el crecimiento personal sea una prioridad y todos estén motivados para aprender, crecer y mejorar constantemente.

Frase única y motivadora: "El apoyo mutuo es el cimiento de relaciones exitosas y duraderas; juntos, podemos alcanzar nuestras metas y experimentar el crecimiento personal y compartido".

En resumen, establecer y mantener relaciones interpersonales sólidas y significativas es fundamental para nuestro bienestar y éxito en la vida. Al comunicarnos de manera efectiva, practicar la empatía, desarrollar la confianza y apoyarnos mutuamente en el crecimiento personal, podemos fortalecer nuestras conexiones con los demás y disfrutar de una vida más rica y satisfactoria.

En el siguiente capítulo, exploraremos cómo mantener un enfoque en el desarrollo personal y profesional a lo largo de nuestra vida, y cómo este enfoque continuo puede contribuir a nuestro éxito y equilibrio a largo plazo.

Frase única y motivadora: "Las relaciones sólidas y significativas son la base de una vida feliz y exitosa; invierte en tus conexiones con los demás y descubre el poder de la colaboración y el apoyo mutuo".

Capítulo 6: Manteniendo un enfoque en el desarrollo personal y profesional a lo largo de la vida

6.1 Adoptando una mentalidad de crecimiento

Una mentalidad de crecimiento es la creencia de que nuestras habilidades y talentos se pueden desarrollar y mejorar a lo largo del tiempo. Al adoptar una mentalidad de crecimiento, podemos abordar los desafíos y obstáculos como oportunidades de aprendizaje y crecimiento, en lugar de limitaciones inamovibles.

Para adoptar una mentalidad de crecimiento, sigue estos consejos:

Ve los desafíos como oportunidades. Cuando enfrentes desafíos, en lugar de sentirte desanimado, considera cómo puedes aprender de la situación y crecer a partir de ella.

Aprende de tus errores. No te castigues por cometer errores; en lugar de ello, reflexiona sobre lo que puedes aprender de ellos y cómo puedes aplicar esas lecciones en el futuro.

Busca y acepta retroalimentación. La retroalimentación constructiva es esencial para el crecimiento personal y profesional. Busca la opinión de otros y acepta la crítica como una oportunidad para mejorar.

Cultiva la resiliencia. La resiliencia es la capacidad de adaptarse y recuperarse ante las adversidades. Practica la resiliencia al enfrentar los desafíos con perseverancia y determinación.

Frase única y motivadora: "Una mentalidad de crecimiento es el motor del éxito y la mejora constante; abraza los desafíos y las oportunidades de aprendizaje para alcanzar todo tu potencial".

6.2 La importancia del aprendizaje continuo

El aprendizaje continuo es fundamental para mantenernos actualizados y relevantes en nuestras vidas profesionales y personales. Al seguir aprendiendo y mejorando nuestras habilidades y conocimientos, nos preparamos para enfrentar los desafíos y cambios en nuestro entorno.

Para promover el aprendizaje continuo, sigue estos consejos:

Establece objetivos de aprendizaje. Identifica áreas en las que deseas mejorar y establece objetivos claros y alcanzables para desarrollar tus habilidades y conocimientos en esas áreas.

Busca oportunidades de educación y capacitación. Ya sea a través de cursos en línea, talleres, seminarios o programas de educación formal, aprovecha las oportunidades para expandir tus habilidades y conocimientos.

Aprende de los demás. Aprovecha el conocimiento y la experiencia de tus colegas, mentores y amigos para ampliar tu comprensión y mejorar tus habilidades.

Mantén la curiosidad. Cultiva una mente curiosa y abierta, siempre dispuesta a explorar nuevos conceptos e ideas.

Frase única y motivadora: "El aprendizaje continuo es la clave para el éxito y la adaptabilidad a lo largo de la vida; invierte en tu crecimiento personal y profesional y descubre el poder del conocimiento y la habilidad".

En resumen, mantener un enfoque en el desarrollo personal y profesional a lo largo de la vida es esencial para nuestro éxito y equilibrio. Al adoptar una mentalidad de crecimiento y comprometernos con el aprendizaje continuo, podemos enfrentar los desafíos y cambios en nuestras vidas con confianza y adaptabilidad.

En el siguiente capítulo, exploraremos cómo mantener un equilibrio saludable entre nuestra vida personal y profesional y cómo este

Capítulo 7: Equilibrio entre vida personal y profesional para un bienestar integral

7.1 Estableciendo límites saludables

El equilibrio entre vida personal y profesional es crucial para nuestro bienestar integral. Establecer límites saludables nos permite disfrutar de nuestras vidas personales sin sacrificar nuestro rendimiento profesional, y viceversa.

Para establecer límites saludables, sigue estos consejos:

Define tus prioridades. Identifica lo que es importante para ti tanto en tu vida personal como profesional, y asegúrate de dedicar tiempo y energía a ambas áreas.

Aprende a decir no. No te sobrecargues de trabajo o compromisos personales; practica el arte de decir no cuando sea necesario para mantener un equilibrio saludable.

Desconéctate del trabajo en tu tiempo libre. Cuando estés en casa o disfrutando de tu tiempo libre, evita revisar correos electrónicos o realizar tareas relacionadas con el trabajo para poder relajarte y disfrutar plenamente de tu vida personal.

Frase única y motivadora: "Un equilibrio saludable entre vida personal y profesional es esencial para una vida plena y feliz; establece límites claros para proteger tu bienestar y disfrutar de cada faceta de tu vida".

7.2 Fomentando la armonía en todas las áreas de la vida

Lograr un equilibrio saludable entre vida personal y profesional nos permite disfrutar de una vida armoniosa y plena. Para fomentar la armonía en todas las áreas de tu vida, sigue estos consejos:

Planifica tu tiempo de manera efectiva. Utiliza herramientas de planificación y establece un horario que te permita equilibrar tus responsabilidades laborales y personales.

Cultiva relaciones sólidas. Mantén un enfoque en tus relaciones personales, ya que un apoyo social sólido es esencial para un bienestar integral.

Dedica tiempo a tus intereses y pasatiempos. Involúcrate en actividades que te apasionen y te ayuden a relajarte y rejuvenecer fuera del trabajo.

Practica el autocuidado. Asegúrate de cuidar tu salud física y mental mediante el ejercicio, una alimentación saludable y la atención plena.

Frase única y motivadora: "La armonía en todas las áreas de la vida es fundamental para nuestro bienestar general; fomenta el equilibrio y la satisfacción al dedicar tiempo y energía a cada aspecto de tu vida".

En resumen, mantener un enfoque en el desarrollo personal y profesional a lo largo de la vida, así como lograr un equilibrio saludable entre vida personal y profesional, es esencial para nuestro éxito y bienestar. Al establecer límites saludables, planificar de manera efectiva y dedicar tiempo a nuestras relaciones, intereses y autocuidado, podemos disfrutar de una vida plena y armoniosa en todos los aspectos.

Capítulo 8: Adaptándonos al cambio y prosperando en un mundo en constante evolución

8.1 Desarrollando la adaptabilidad

La adaptabilidad es una habilidad clave para prosperar en un mundo en constante cambio. Ser capaz de adaptarse a nuevas situaciones, desafíos y oportunidades nos permite mantenernos relevantes y exitosos en nuestras vidas personales y profesionales.

Para desarrollar la adaptabilidad, sigue estos consejos:

Mantén una actitud positiva. Enfrenta los cambios con optimismo y considera cómo pueden traer nuevas oportunidades y crecimiento.

Sé flexible. Aprende a ajustar tus planes y enfoques cuando sea necesario, y a adaptarte a nuevas situaciones y circunstancias.

Desarrolla habilidades transferibles. Cultiva habilidades y competencias que puedan aplicarse a diferentes situaciones y entornos, lo que te permitirá adaptarte con éxito a diversos desafíos y cambios.

Frase única y motivadora: "La adaptabilidad es la clave para prosperar en un mundo en constante cambio; cultiva la flexibilidad y la resiliencia para enfrentar cualquier desafío y aprovechar las oportunidades que se presenten".

8.2 Aprovechando el cambio para impulsar el crecimiento personal y profesional

El cambio puede ser una poderosa fuerza impulsora para el crecimiento personal y profesional si lo abordamos de manera proactiva y constructiva. Aprovecha el cambio como una oportunidad para aprender, crecer y evolucionar en todos los aspectos de tu vida.

Para aprovechar el cambio, sigue estos consejos:

Identifica las oportunidades. Cuando surjan cambios, busca oportunidades para aprender nuevas habilidades, asumir nuevos desafíos o avanzar en tu carrera o vida personal.

Establece metas ajustables. Al establecer metas que puedan adaptarse a los cambios en tus circunstancias, estarás mejor preparado para enfrentar la incertidumbre y seguir creciendo y avanzando.

Mantén una red de apoyo sólida. Rodearte de personas que también se adaptan y crecen te ayudará a enfrentar el cambio con confianza y resiliencia.

Frase única y motivadora: "El cambio es una oportunidad para el crecimiento y la evolución; abraza el cambio y utilízalo como combustible para impulsar tu éxito personal y profesional".

En resumen, adaptarnos al cambio y prosperar en un mundo en constante evolución es esencial para nuestro éxito y bienestar en la vida. Al desarrollar la adaptabilidad y aprovechar el cambio para impulsar nuestro crecimiento personal y profesional, podemos enfrentar la incertidumbre y los desafíos con confianza y resiliencia, preparándonos para un futuro brillante y exitoso en todas las áreas de nuestras vidas.

Capítulo 9: Estableciendo un legado y dejando una huella positiva en el mundo

9.1 Definiendo tu propósito y misión en la vida

Para dejar un impacto duradero y positivo en el mundo, es crucial definir tu propósito y misión en la vida. Estos conceptos te guiarán en tus acciones y decisiones y te ayudarán a mantener un enfoque coherente en tus objetivos y valores.

Para definir tu propósito y misión, sigue estos consejos:

Reflexiona sobre tus pasiones y valores. Considera qué te motiva y apasiona, y qué principios y valores guían tus acciones.

Identifica tus fortalezas y habilidades. Reconoce tus talentos y habilidades únicas, y considera cómo puedes utilizarlos para marcar la diferencia en el mundo.

Establece objetivos a largo plazo. Define metas y objetivos a largo plazo que se alineen con tu propósito y misión en la vida, y crea un plan para lograrlos.

Frase única y motivadora: "Tu propósito y misión en la vida son el faro que guía tus acciones y decisiones; define con claridad tus objetivos y valores para dejar una huella positiva en el mundo".

9.2 Contribuyendo a un mundo mejor

Una vez que hayas definido tu propósito y misión en la vida, es hora de actuar y contribuir a un mundo mejor. Puedes hacer esto a través de tu trabajo, tus relaciones y tu compromiso con las causas y comunidades que te importan.

Para contribuir a un mundo mejor, sigue estos consejos:

Comprométete con la responsabilidad social. Actúa de manera ética y consciente en todas las áreas de tu vida, y apoya causas y organizaciones que trabajan para un mundo más justo y sostenible.

Sé un líder inspirador. Utiliza tu influencia y habilidades para inspirar y empoderar a otros a trabajar juntos hacia un futuro mejor.

Cultiva la generosidad y el servicio. Dedica tiempo, recursos y energía para ayudar a los demás, y haz del servicio a tu comunidad y al mundo una parte integral de tu vida.

Frase única y motivadora: "Contribuir a un mundo mejor es la culminación de tu propósito y misión en la vida; actúa con responsabilidad, lidera con inspiración y sirve con generosidad para dejar un legado duradero y positivo".

En resumen, establecer un legado y dejar una huella positiva en el mundo es una parte esencial de vivir una vida plena y significativa. Al definir tu propósito y misión en la vida y comprometerte a contribuir a un mundo mejor, puedes asegurarte de que tu impacto en el mundo sea duradero y positivo, enriqueciendo no solo tu vida sino también las vidas de aquellos a quienes tocas.

Capítulo 10: Fomentando la gratitud y aprecio por el presente

10.1 La importancia de la gratitud en la vida

La gratitud es una poderosa herramienta que nos ayuda a apreciar las cosas buenas en nuestra vida y a cultivar una perspectiva positiva. Practicar la gratitud puede mejorar nuestra salud mental y emocional, fortalecer nuestras relaciones y aumentar nuestra satisfacción en la vida.

Para cultivar la gratitud en tu vida, sigue estos consejos:

Lleva un diario de gratitud. Escribe a diario sobre las cosas por las que estás agradecido y reflexiona sobre cómo enriquecen tu vida.

Expresa agradecimiento a los demás. Agradece a las personas que han tenido un impacto positivo en tu vida y hazles saber cuánto significan para ti.

Practica la atención plena. La atención plena te ayuda a estar presente y consciente de las cosas buenas que te rodean, lo que a su vez fomenta la gratitud.

Frase única y motivadora: "La gratitud es el ingrediente esencial para una vida llena de alegría y satisfacción; cultiva un corazón agradecido y encuentra la belleza y la bondad en cada momento".

10.2 Apreciando el presente

Apreciar el presente es fundamental para vivir una vida plena y significativa. Al estar presentes y conscientes de lo que está sucediendo en nuestras vidas en este momento, podemos experimentar una mayor conexión, alegría y satisfacción.

Para apreciar el presente, sigue estos consejos:

Desconéctate de las distracciones. Dedica tiempo a desconectarte de las redes sociales, la tecnología y otras distracciones para estar más presente en tu vida diaria.

Practica la meditación. La meditación es una herramienta poderosa que te ayuda a estar más presente y consciente de tus pensamientos, emociones y experiencias.

Abraza la impermanencia. Reconoce que la vida es impermanente y que cada momento es único e irrepetible, lo que te ayudará a apreciar y valorar más cada instante.

Frase única y motivadora: "Apreciar el presente es la clave para vivir una vida rica y plena; abraza el aquí y ahora y descubre la alegría y la belleza en cada momento".

En resumen, fomentar la gratitud y apreciar el presente nos permite disfrutar de una vida más rica y satisfactoria. Al cultivar la gratitud y estar presentes en nuestras experiencias diarias, podemos encontrar alegría y satisfacción en cada momento, y vivir una vida más plena y significativa.

Capítulo 11: Desarrollando resiliencia para enfrentar adversidades

11.1 La importancia de la resiliencia en nuestras vidas

La resiliencia es nuestra capacidad para adaptarnos y recuperarnos de las adversidades y desafíos en la vida. Al desarrollar resiliencia, podemos enfrentar las dificultades con coraje y perseverancia y superar los obstáculos para alcanzar nuestras metas y aspiraciones.

Cultiva relaciones sólidas y significativas. El apoyo de amigos y seres queridos es crucial para desarrollar resiliencia. Fomenta conexiones sólidas y significativas que te brinden apoyo emocional en momentos difíciles.

Acepta el cambio como parte de la vida. Aceptar que el cambio es una parte inevitable de la vida te ayudará a enfrentar las adversidades con una mentalidad más abierta y adaptable.

Establece metas realistas y flexibles. Establecer metas alcanzables y estar dispuesto a ajustarlas en función de las circunstancias te permitirá adaptarte y perseverar en momentos difíciles.

Frase única y motivadora: "La resiliencia es la fuerza que nos permite superar las adversidades y alcanzar nuestras metas; cultiva una actitud de resistencia y perseverancia para enfrentar los desafíos con valentía y determinación".

11.2 Estrategias para enfrentar adversidades con éxito

Enfrentar adversidades es parte de la vida, pero al desarrollar estrategias efectivas para manejar los desafíos, podemos superarlos y salir fortalecidos.

Para enfrentar adversidades con éxito, sigue estos consejos:

Practica el autocuidado. Cuida tu salud física y mental, y dedica tiempo a actividades que te ayuden a recargar energías y reducir el estrés.

Desarrolla habilidades de resolución de problemas. Aprende a abordar problemas y desafíos de manera efectiva, identificando soluciones creativas y prácticas.

Mantén una perspectiva positiva. Adopta una actitud optimista y enfócate en los aspectos positivos de tu vida, incluso en medio de la adversidad.

Frase única y motivadora: "Enfrentar adversidades con éxito nos permite crecer y fortalecernos; desarrolla estrategias efectivas para superar los desafíos y transformar las dificultades en oportunidades de crecimiento y aprendizaje".

En resumen, desarrollar resiliencia y aprender a enfrentar adversidades con éxito son habilidades esenciales para navegar los altibajos de la vida. Al cultivar una actitud resiliente y adoptar estrategias efectivas para enfrentar desafíos, podemos superar las dificultades y continuar avanzando hacia nuestras metas y aspiraciones.

Capítulo 12: Creando un estilo de vida equilibrado y sostenible

12.1 Encuentra el equilibrio entre trabajo, vida personal y bienestar

Crear un estilo de vida equilibrado y sostenible implica encontrar el equilibrio adecuado entre nuestras responsabilidades laborales, nuestra vida personal y nuestro bienestar físico y emocional. Un estilo de vida equilibrado nos permite disfrutar de una vida plena y satisfactoria, al tiempo que nos mantiene saludables y resilientes.

Para encontrar el equilibrio entre trabajo, vida personal y bienestar, sigue estos consejos:

Establece límites claros. Aprende a decir "no" y establece límites claros para proteger tu tiempo y energía en el trabajo y en casa.

Prioriza tu salud y bienestar. Asegúrate de dedicar tiempo a actividades que promuevan tu salud física y mental, como hacer ejercicio, dormir lo suficiente y mantener una dieta saludable.

Practica la gratitud y la atención plena. Cultiva una mentalidad de gratitud y practica la atención plena para estar presente en cada momento y disfrutar de las pequeñas alegrías de la vida.

Frase única y motivadora: "Un estilo de vida equilibrado y sostenible es la clave para una vida plena y satisfactoria; encuentra el equilibrio entre trabajo, vida personal y bienestar para disfrutar de la vida al máximo".

12.2 Construyendo hábitos sostenibles para un futuro saludable

Adoptar hábitos sostenibles en nuestras vidas diarias es esencial para proteger nuestra salud y bienestar a largo plazo y garantizar un futuro saludable para nosotros y las generaciones futuras.

Para construir hábitos sostenibles, sigue estos consejos:

Reduce, reutiliza y recicla. Adopta prácticas de reducción de residuos, reutiliza objetos siempre que sea posible y participa en programas de reciclaje para minimizar tu huella ecológica.

Consume de manera consciente. Apoya a empresas éticas y sostenibles y elige productos y servicios que tengan un impacto positivo en el medio ambiente y las comunidades.

Ahorra energía y agua. Implementa medidas de eficiencia energética en tu hogar y practica el uso consciente del agua para reducir tu consumo de recursos naturales.

Frase única y motivadora: "Construir hábitos sostenibles es nuestra responsabilidad hacia nosotros mismos y las generaciones futuras; adopta prácticas ecológicas y éticas para garantizar un futuro saludable y próspero para todos".

En resumen, crear un estilo de vida equilibrado y sostenible es fundamental para nuestro bienestar y éxito a largo plazo. Al equilibrar nuestras responsabilidades laborales y personales y adoptar hábitos sostenibles, podemos disfrutar de una vida plena y satisfactoria, al tiempo que protegemos nuestra salud y el medio ambiente para las generaciones futuras.

Capítulo 13: Fomentando la creatividad y la innovación en nuestra vida cotidiana

13.1 Desarrollando habilidades creativas

La creatividad es una habilidad valiosa que nos permite innovar y encontrar soluciones a problemas complejos. Fomentar la creatividad en nuestra vida cotidiana nos ayuda a mantenernos inspirados y motivados, al tiempo que aumenta nuestra capacidad para adaptarnos y prosperar en un mundo en constante cambio.

Para desarrollar habilidades creativas, sigue estos consejos:

Explora tus intereses y pasiones. Dedica tiempo a actividades que te apasionen y te inspiren, ya sean artísticas, intelectuales o prácticas.

Asume riesgos y experimenta. No tengas miedo de probar cosas nuevas y explorar nuevas ideas, incluso si no tienes garantía de éxito.

Rodéate de personas creativas e inspiradoras. Busca amistades y colaboraciones con personas que te inspiren y te animen a pensar de manera diferente y a ver el mundo desde nuevas perspectivas.

Frase única y motivadora: "La creatividad es la chispa que enciende la innovación y el descubrimiento; fomenta tus habilidades creativas y transforma tu vida y el mundo a tu alrededor".

13.2 Cultivando un entorno innovador

Crear un entorno que fomente la innovación nos permite desarrollar soluciones creativas a los desafíos que enfrentamos y adaptarnos a un mundo en constante cambio. Al cultivar un entorno innovador, podemos aprovechar al máximo nuestras habilidades creativas y marcar una diferencia en nuestras vidas y en las vidas de los demás.

Para cultivar un entorno innovador, sigue estos consejos:

Establece espacios propicios para la creatividad. Diseña espacios en tu hogar y lugar de trabajo que fomenten la concentración, la inspiración y la colaboración.

Fomenta la colaboración y el intercambio de ideas. Trabaja en equipo y comparte tus ideas con otros, buscando oportunidades para aprender y crecer juntos.

Aprende de los fracasos y celebra los éxitos. Reconoce que el fracaso es una parte natural del proceso creativo y utiliza esos momentos como oportunidades de aprendizaje y crecimiento.

Frase única y motivadora: "Un entorno innovador es el caldo de cultivo para la creatividad y el progreso; cultiva un espacio que fomente la exploración, el aprendizaje y el descubrimiento".

En resumen, fomentar la creatividad y la innovación en nuestra vida cotidiana es esencial para nuestro crecimiento personal y profesional.

Al desarrollar habilidades creativas y cultivar un entorno innovador, podemos enfrentar los desafíos con confianza, adaptarnos a un mundo en constante cambio y marcar una diferencia en nuestras vidas y en las vidas de los demás.

Capítulo 14: La importancia del cuidado personal en nuestra vida cotidiana

14.1 Comprendiendo la importancia del cuidado personal

El cuidado personal es una parte esencial de nuestra vida cotidiana, ya que nos permite mantener una buena salud física, emocional y mental. Al cuidar de nosotros mismos, podemos aumentar nuestra capacidad para enfrentar los desafíos y lograr nuestras metas, y también mejorar nuestra calidad de vida en general.

Para comprender la importancia del cuidado personal, considera estos consejos:

Haz una pausa y reflexiona. Dedica tiempo para reflexionar sobre tu vida y tus necesidades, y reconoce la importancia del cuidado personal para tu bienestar y felicidad en general.

Aprende a decir "no". Establece límites saludables para tu tiempo y energía, y aprende a decir "no" a las actividades y compromisos que te agotan o estresan.

Busca formas de relajarte y rejuvenecer. Dedica tiempo para actividades que te relajen y rejuvenezcan, como meditar, hacer ejercicio, leer o escuchar música.

Frase única y motivadora: "El cuidado personal es la llave para una vida equilibrada y satisfactoria; invierte en ti mismo y descubre el poder de la salud y el bienestar".

14.2 Incorporando el cuidado personal en nuestra vida cotidiana

Incorporar el cuidado personal en nuestra vida cotidiana puede parecer un desafío, especialmente cuando estamos ocupados o estresados. Sin embargo, es importante hacer del cuidado personal una prioridad para asegurarnos de que estamos en nuestro mejor estado para enfrentar los desafíos de la vida.

Para incorporar el cuidado personal en tu vida cotidiana, considera estos consejos:

Crea una rutina diaria de cuidado personal. Establece una rutina diaria de cuidado personal que se adapte a tus necesidades y preferencias, y dedica tiempo para practicarla todos los días.

Aprovecha pequeños momentos para cuidarte. Aprovecha pequeños momentos durante el día para cuidarte, como caminar al aire libre, respirar profundamente o estirarte.

Busca apoyo y compañía. Encuentra amigos y familiares que apoyen tu viaje de cuidado personal, y busca apoyo profesional si es necesario.

Frase única y motivadora: "Incorporar el cuidado personal en tu vida cotidiana puede parecer difícil al principio, pero al hacerlo, estás invirtiendo en ti mismo y en tu bienestar a largo plazo".

En resumen, el cuidado personal es una parte esencial de nuestra vida cotidiana, y es importante hacer de él una prioridad para asegurarnos de que estamos en nuestro mejor estado para enfrentar los desafíos y lograr nuestras metas. Al comprender la importancia del cuidado personal y hacerlo una parte integral de nuestra vida diaria, podemos mejorar nuestra calidad de vida y alcanzar un equilibrio saludable.

Capítulo 15: Importancia de la comunicación efectiva en la vida personal y profesional

15.1 Entendiendo la comunicación efectiva

La comunicación efectiva es un aspecto fundamental de nuestras relaciones personales y profesionales. Se trata de la capacidad de transmitir información de manera clara y precisa, al tiempo que se escucha y comprende al interlocutor. Una comunicación efectiva nos permite establecer relaciones sólidas y duraderas, solucionar conflictos y colaborar de manera eficiente.

Para entender cómo mejorar nuestra comunicación, podemos seguir estos consejos:

Escucha activa: Prestar atención a lo que la otra persona está diciendo y demostrar interés mediante preguntas y comentarios.

Claridad: Ser claro y conciso al expresar nuestras ideas, evitando confusiones o ambigüedades.

Empatía: Ponernos en el lugar del otro, entendiendo sus perspectivas y emociones.

Respeto: Mostrar respeto hacia el otro, escuchando sus opiniones y evitando juicios o críticas.

Frase única y motivadora: "La comunicación efectiva es la clave para establecer relaciones sólidas y duraderas; aprende a escuchar y expresarte con claridad, empatía y respeto".

15.2 Beneficios de la comunicación efectiva

La comunicación efectiva trae muchos beneficios tanto a nivel personal como profesional. En lo personal, nos permite establecer relaciones saludables y satisfactorias con amigos, familiares y parejas. En el ámbito profesional, la comunicación efectiva es esencial para el éxito en el trabajo, ya sea en colaboraciones o en el liderazgo de equipos.

Algunos de los beneficios de la comunicación efectiva son:

Resolución de conflictos: Una comunicación efectiva nos permite solucionar problemas y conflictos de manera más rápida y efectiva.

Fortalecimiento de relaciones: Nos permite establecer relaciones sólidas y duraderas, basadas en la confianza y el respeto mutuo.

Mejora del clima laboral: En el ámbito laboral, la comunicación efectiva ayuda a crear un ambiente de trabajo más saludable y colaborativo.

Aumento de la productividad: Una comunicación efectiva en el trabajo puede mejorar la eficiencia y la productividad de los equipos.

Frase única y motivadora: "La comunicación efectiva es la llave que abre la puerta a relaciones sólidas y exitosas en lo personal y profesional; aprovecha sus beneficios y alcanza tu máximo potencial".

En resumen, la comunicación efectiva es esencial para nuestras relaciones personales y profesionales. Al aprender a escuchar y expresarnos con claridad, empatía y respeto, podemos establecer relaciones sólidas y duraderas, solucionar conflictos y colaborar de manera eficiente para alcanzar nuestros objetivos.

Capítulo 16: La importancia de la resolución de conflictos en nuestras relaciones

16.1 Reconociendo y gestionando conflictos

Los conflictos son una realidad inevitable en nuestras relaciones interpersonales, ya sean personales o profesionales. Aprender a reconocer y gestionar los conflictos es fundamental para mantener relaciones saludables y productivas.

Para reconocer y gestionar los conflictos, sigue estos consejos:

Identifica los síntomas del conflicto. Los conflictos pueden manifestarse de diferentes maneras, como la tensión, la falta de comunicación, los desacuerdos o la agresión pasiva o activa.

Comunica tus sentimientos de manera efectiva. Aprende a comunicar tus sentimientos de manera clara y respetuosa, evitando culpar o juzgar a la otra persona.

Escucha activamente. Escucha atentamente lo que la otra persona tiene que decir, tratando de comprender sus puntos de vista y necesidades.

Busca soluciones colaborativas. Trabaja en equipo para encontrar soluciones que satisfagan las necesidades de ambas partes, y trata de llegar a un acuerdo mutuo.

Frase única y motivadora: "La gestión efectiva de conflictos es la clave para mantener relaciones saludables y productivas; aprende a reconocer, comunicar y resolver conflictos para fortalecer tus relaciones interpersonales".

La empatía es la capacidad de ponerse en el lugar de otra persona y comprender sus sentimientos y necesidades. Practicar la empatía es esencial para mantener relaciones saludables y satisfactorias, y para resolver conflictos de manera efectiva.

Para practicar la empatía, sigue estos consejos:

Trata de comprender los puntos de vista de la otra persona. Haz preguntas para entender los sentimientos, necesidades y perspectivas de la otra persona.

Pon atención a las emociones. Trata de identificar las emociones detrás de las palabras de la otra persona, y muestra compasión y empatía hacia sus sentimientos.

Reconoce las similitudes y diferencias. Encuentra similitudes en las perspectivas y necesidades de ambas partes, pero también acepta y respeta las diferencias.

Frase única y motivadora: "La empatía es la llave maestra para relaciones satisfactorias y la resolución efectiva de conflictos; practica la empatía para comprender mejor a los demás y construir relaciones más fuertes".

En resumen, la resolución de conflictos y la empatía son habilidades esenciales para mantener relaciones saludables y productivas. Al aprender a reconocer y gestionar conflictos y practicar la empatía, podemos fortalecer nuestras relaciones interpersonales y enfrentar los desafíos de manera efectiva.

Capítulo 17: Desarrollando habilidades de liderazgo efectivo

17.1 Entendiendo los fundamentos del liderazgo

El liderazgo efectivo es fundamental en cualquier organización o equipo. Los líderes son responsables de motivar, guiar y dirigir a sus seguidores hacia el logro de objetivos comunes. Para desarrollar habilidades de liderazgo efectivo, es importante entender los fundamentos del liderazgo.

Algunos conceptos clave incluyen:

Visión: un líder debe tener una visión clara y compartida de lo que quiere lograr y comunicarla efectivamente a su equipo.

Comunicación: un líder debe ser capaz de comunicar de manera clara y efectiva con su equipo, escuchando y dando retroalimentación.

Delegación: un líder debe ser capaz de delegar responsabilidades y empoderar a su equipo para tomar decisiones y actuar con autonomía.

Motivación: un líder debe ser capaz de motivar y inspirar a su equipo para trabajar juntos y alcanzar objetivos compartidos.

Resolución de conflictos: un líder debe ser capaz de manejar conflictos y desacuerdos dentro del equipo de manera efectiva y justa.

Frase única y motivadora: "El liderazgo efectivo es el resultado de una visión clara, una comunicación efectiva, una delegación adecuada, una motivación constante y la capacidad de manejar conflictos con justicia y equidad".

17.2 Desarrollando habilidades de liderazgo

Desarrollar habilidades de liderazgo efectivo es un proceso continuo de aprendizaje y crecimiento. Aquí hay algunos consejos para mejorar tus habilidades de liderazgo:

Aprende de otros líderes: busca modelos a seguir y aprende de otros líderes en tu organización o en el mundo empresarial.

Busca oportunidades de liderazgo: busca oportunidades para liderar proyectos o equipos en tu trabajo o en tu vida personal.

Busca retroalimentación: pide a otros que te den retroalimentación sobre tu desempeño como líder y utiliza esa información para mejorar.

Aprende habilidades de comunicación: toma cursos o lee libros sobre habilidades de comunicación para mejorar tu capacidad de comunicar de manera efectiva con tu equipo.

Practica la empatía: trata de entender las perspectivas y necesidades de tu equipo y actúa con empatía y comprensión.

Sé un modelo a seguir: demuestra los comportamientos que deseas ver en tu equipo y sé un ejemplo a seguir para ellos.

Frase única y motivadora: "El liderazgo efectivo es un viaje de aprendizaje y crecimiento continuo; busca oportunidades para liderar, aprende de otros líderes y sé un modelo a seguir para tu equipo".

En resumen, desarrollar habilidades de liderazgo efectivo es fundamental para lograr objetivos en cualquier organización o equipo. Al comprender los fundamentos del liderazgo y seguir consejos prácticos para mejorar tus habilidades de liderazgo, puedes motivar y guiar a tu equipo hacia el éxito.

Capítulo 18: Aprendiendo a ser resilientes ante los desafíos

18.1 ¿Qué es la resiliencia?

La resiliencia es la capacidad de adaptarse y recuperarse ante situaciones adversas y desafiantes. En otras palabras, es la habilidad de superar obstáculos y de seguir adelante incluso cuando las cosas parecen estar en contra nuestra. La resiliencia no es una habilidad innata, sino que se puede aprender y desarrollar con el tiempo.

A continuación, se presentan algunas estrategias para desarrollar la resiliencia:

Cultiva una actitud positiva: Enfócate en lo que sí está funcionando y en lo que puedes hacer para solucionar un problema en lugar de quedarte atrapado en lo negativo. Busca el lado positivo de cada situación y aprende de cada experiencia.

Desarrolla una red de apoyo: Las personas que nos brindan apoyo y comprensión pueden ser fundamentales en momentos de dificultad. Mantén una red de amigos, familiares y colegas a los que puedas acudir en momentos de necesidad.

Aprende a manejar el estrés: El estrés puede ser un factor desencadenante de situaciones adversas. Aprender técnicas para manejar el estrés, como la meditación, la respiración profunda y el ejercicio, puede ayudarnos a mantener la calma y enfocarnos en las soluciones en lugar de en los problemas.

Mantén una actitud de aprendizaje: Considera cada situación desafiante como una oportunidad para aprender y crecer. Reflexiona sobre tus errores y fracasos, identifica lo que podrías haber hecho diferente y aplícalo en el futuro.

Mantén la perspectiva: Recuerda que las situaciones difíciles son temporales y que todo es una cuestión de perspectiva. A veces, solo necesitamos un poco de tiempo para darnos cuenta de que las cosas no son tan malas como parecen.

Frase única y motivadora: "La resiliencia es la capacidad de superar los obstáculos y de seguir adelante, no importa lo que suceda. Cultiva la resiliencia y conviértete en una persona más fuerte y adaptable".

En resumen, la resiliencia es una habilidad clave para enfrentar los desafíos y las situaciones adversas en la vida. Al cultivar una actitud positiva, desarrollar una red de apoyo, aprender a manejar el estrés, mantener una actitud de aprendizaje y mantener la perspectiva, podemos desarrollar la resiliencia y superar cualquier obstáculo que se presente en nuestro camino.

Capítulo Final: Manteniendo nuestro enfoque en el crecimiento personal y profesional

En este libro hemos explorado la importancia de mantener un enfoque en el crecimiento personal y profesional a lo largo de nuestras vidas. Desde adoptar una mentalidad de crecimiento y comprometernos con el aprendizaje continuo, hasta fomentar la creatividad y la innovación en nuestra vida cotidiana, hemos visto cómo podemos desarrollar habilidades y hábitos que nos permiten adaptarnos y prosperar en un mundo en constante cambio.

Sin embargo, el crecimiento personal y profesional no es un destino final, sino un proceso continuo. Para mantener nuestro enfoque en el crecimiento, es importante recordar lo siguiente:

Mantener una mentalidad de crecimiento. Recordar que nuestras habilidades y talentos pueden ser desarrollados y mejorados con el tiempo, y que los desafíos son oportunidades de aprendizaje y crecimiento.

Comprometerse con el aprendizaje continuo. Establecer objetivos de aprendizaje claros y alcanzables, buscar oportunidades para expandir nuestras habilidades y conocimientos, y mantenernos curiosos y abiertos a nuevas ideas y perspectivas.

Fomentar la creatividad y la innovación. Cultivar un entorno propicio para la exploración, la experimentación y el intercambio de ideas, y estar dispuestos a asumir riesgos y aprender de los fracasos.

Mantener un equilibrio saludable entre nuestra vida personal y profesional. Aprender a priorizar nuestras necesidades y objetivos personales, establecer límites saludables y mantener una perspectiva equilibrada y realista sobre nuestras responsabilidades y expectativas.

Frase única y motivadora: "El crecimiento personal y profesional es un viaje sin fin, pero con un enfoque constante en el aprendizaje y la innovación, podemos transformarnos a nosotros mismos y al mundo a nuestro alrededor".

Al mantener nuestro enfoque en el crecimiento personal y profesional, podemos alcanzar todo nuestro potencial y vivir vidas más plenas y significativas. Esperamos que este libro haya sido una fuente de inspiración y guía en su propio viaje de crecimiento y desarrollo.

1. Rutina de meditación: Dedica 10-15 minutos al día a meditar. Busca un lugar tranquilo, siéntate en una posición cómoda y enfoca tu mente en la respiración. Si eres principiante, puedes utilizar aplicaciones de meditación guiada para ayudarte.

1. Rutina de gratitud: Cada noche, antes de dormir, escribe tres cosas por las que estás agradecido. Pueden ser cosas simples o complejas, pero es importante que sientas realmente el agradecimiento al escribirlas.

1. Rutina de actividad física: Dedica al menos 30 minutos al día a hacer ejercicio. Puede ser caminar, correr, hacer yoga, levantar pesas, etc. Lo importante es mover el cuerpo y generar endorfinas.

1. Rutina de desconexión: Establece un horario para desconectar de los dispositivos electrónicos. Por ejemplo, evita revisar el correo electrónico o las redes sociales durante las primeras horas de la mañana o las últimas de la noche.

1. Rutina de sueño: Trata de establecer un horario regular para dormir y despertar. Además, crea un ambiente adecuado para el sueño, apagando las luces y evitando dispositivos electrónicos antes de dormir.

1. Rutina de relajación: Dedica tiempo cada día para relajarte y desconectar. Puede ser escuchando música suave, leyendo un libro, tomando un baño relajante, etc.

1. Rutina de creatividad: Dedica tiempo cada día para hacer algo creativo. Puede ser pintar, dibujar, escribir, cocinar, hacer manualidades, etc.

1. Rutina de contacto social: Dedica tiempo para conectarte con

personas importantes en tu vida. Puede ser mediante una llamada, un mensaje de texto, un correo electrónico o una reunión en persona.

1. Rutina de aprendizaje: Dedica tiempo para aprender algo nuevo cada día. Puede ser leyendo un artículo, viendo un video, asistiendo a una clase en línea, etc.

1. Rutina de autocuidado: Dedica tiempo cada día para cuidar de ti mismo. Puede ser tomar un baño relajante, hacer una mascarilla facial, darte un masaje, etc.

Estas son solo algunas ideas de rutinas que pueden ser útiles para mejorar el bienestar emocional y la salud mental. Lo importante es encontrar las rutinas que mejor se adapten a tus necesidades y estilo de vida, y ser constante en su práctica.

Did you love *Reinventando El Éxito :Descubriendo Tu Poder interior*? Then you should read *El arte de sanar: Cómo sueperar una separación y encontrar la paz enterio*[1] by Rosen Dimitrov!

"Descubre cómo superar el dolor de una separación y encontrar un nuevo propósito en la vida con este conmovedor y práctico libro basado en hechos reales. Con consejos útiles y sabiduría inspiradora, este libro te guiará en el camino hacia la sanación emocional y el crecimiento personal después de una ruptura. Una lectura obligada para cualquiera que busque renovar su vida después de una separación."

---

1. https://books2read.com/u/31QAra

2. https://books2read.com/u/31QAra

Also by Rosen Dimitrov

1

Chat GPT and Health Wealth: A Guide to Using Prompts for Financial Success and Better Living
Cute Creatures to Color: Coloring Book
La Otra Amenaza

Standalone

El arte de sanar: Cómo sueperar una separación y encontrar la paz enterio
Reinventando El Éxito :Descubriendo Tu Poder interior
"Más Allá del Éxito: Un Viaje al Corazón de Tus Sueños"
Gana Dinero con IA: Cómo Generar Ingresos Pasivos sin Inversión o con Costo Mínimo

Printed by Libri Plureos GmbH in Hamburg,
Germany